A mon Père et à ma Mère.

FACULTÉ DE DROIT DE TOULOUSE.

ACTE PUBLIC POUR LA LICENCE,

En exécution de l'art. 4, tit. 2, de la loi du 22 Ventôse an XII,

SOUTENU

Par M. Delquié (Edmond),

NÉ A TOULOUSE (HAUTE-GARONNE).

Jus Romanum.

INSTIT. LIB. III, TIT. III ET IV.

De Senatusconsulto Tertylliano et de Senatusconsulto Orphitiano.

Inter matrem et liberos, personas junctas tantummodò per feminini sexûs necessitatem, nullum civile vinculum, nulla adgnatio existebat; attamen adgnata liberorum mater erat, si uxor fuisset in manu mariti. Tunc enim videbatur mariti filia et suorum liberorum soror consanguinea. Quo quidem in casu, secundùm legem duodecim tabularum, ad successionem liberorum mater sicut adgnata vocabatur, et vicissìm. Sed manûs consuetudine omissâ, mater, solùm liberorum cognata, non admittebatur ad eorum hæreditatem. — Ut illas emendarent angustias, edicta prætorum, cæteris hæredibus deficientibus, ad successionem intestatorum quasdam personas naturâ et sanguine proximas, invitâ lege civili, vocârunt bonorum possessione *undè cognati* accommodatâ ; et sic mitigatis antiqui juris præceptis, mater liberique sibi invicem succedebant, sed solùm tertio ordine, scilicet post hæredes suos, adgnatos et gentiles. Ille status, iniquus adhuc, mutatus fuit senatusconsultis Tertylliano et Orphitiano, quæ enodanda sunt.

Idcircò divisionem sequemur quæ nobis et ordine dialectico et argumento data est nostro ; primùm senatusconsultum Tertyllianum, deindè Orphitianum commentabimur. Priùs tamen exponemus dispositionem duobus senatusconsultis communem, scilicet successiones his senatusconsultis delatas capitis deminutione non perimi. Agitur de minimâ capitis deminutione, quippè maximâ vel mediâ deminutione amittitur jus civitatis, ideòque jus successionis, civibus proprium.

CAPUT PRIMUM.

De Senatusconsulto Tertylliano.

I. Contra omnia æquitatis naturalis præcepta, tertio ordine liberis succedebat cognata mater. Primus Divus Claudius sustulit illam legem inofficiosam, scilicet factam contra officium pietatis secundùm juridicum illius verbi sensum. Cuidam matri ad solatium liberorum amissorum legitimam eorum concessit hæreditatem oblatâ occasione. — Posteà Claudii propria decisio generalis facta est ; et senatusconsulto Tertylliano Hadrianus plenissimè posuit matrem inter adgnatos, ut ei tribueretur tristis successio, deficientibus liberorum mortuorum suis hæredibus et quibusdam agnatis, ut infrà videbimus. Consanguinitate solùm inspectâ ad bona liberorum, sive procreatorum ex justis nuptiis, sive naturalium, sive quidem vulgò quæsitorum, filiorum aut filiarum, admittebatur mater. Parvi refert utrùm mater sui juris fuisset, an alieni juris ; quod sæpiùs eveniebat, dùm mater, quæ non erat in manu mariti, maneret in potestate parentis, invitis ætate et nuptiis.

II. Beneficium senatusconsulto Tertylliano creatum matri, non etiam aviæ, duobus nitebatur conditionibus, videlicèt numero liberorum qui *jus liberorum* dicebatur, et petendo eis tutore.

Primùm, *jus liberorum.* — Admittebatur mater quæ ingenua ter et libertina quater enixa esset dummodò vivos et pleni temporis. Indè multæ quæstiones asperæ solutæ fuerant à prudentibus, quorum responsa sententiæ Pauli breviter referunt (Paul. sent. lib. 4, tit. 9, § 2 ad 6). Verbi gratià : uno partu trium filiorum, procreatione alicujus monstrosi aut prodigiosi, aborso vel abacto ventre jus liberorum non consequitur mater. — Latina ingenua jure Quiritium, si ter peperit, ad bona intestati filii vocatur. — Cæterùm parvi refert utrùm vivant, an mortui sint liberi; amissi enim juris fictione vivunt simul ac superstites. (Paul. ibid., § 9.) — Sæpè quoque visum est matrem, quæ nec habet nec habuit tres liberos, beneficio principis jus liberorum consequi. Illa exceptio, Justiniani temporibus, fit regula, constitutione in ejus codice collatà. « Respicientes ad naturam et puerperium et periculum et sæpè mortem ex hoc casu matribus illatam, impium esse credidimus casum fortuitum in ejus admitti detrimentum. » Sic mater admissa fuit ad hæreditatem liberorum, etsi non ter quaterve enixa fuerit, sed eum tantùm de cujus.

Nunc transeamus ad secundam conditionem à nobis indicatam, scilicet ad *diligentias tutelæ.* Quia virile munus tutelam gerere, matri onus tutelæ non impositum est, sed viginti et quinque annis natæ incumbit cura tutoris petendi ; quod si neglexerit, ad bona liberorum intestatorum non admittetur. Illam dispositionem Tribonianus servavit, quia oportet matres suæ consulere soboli. Tutor petendus est confestìm ; conceditur tamen annale tempus, sed hoc lapsu præterito et non nominato tutore, mater non eveniet hæreditati impuberum morientium. Animadvertentes illa verba *impuberum morientium,* nobismetipsis petemus quid juris, si puberes intestatos amisisset mater, quibus, donec impuberes essent, non datus fuerat tutor? Facto pubertatis liberis acquisitum est jus mutandi ordinem successionis, et ideò credimus cum multis doctoribus, silentio liberorum reparatam fuisse culpam matris : cùm testamentum non fecerint, voluerunt matrem institutam.

III. Sic expositis origine et necessariis modis illius successionis, videamus effectus. Materne inter adgnatos posita, omnibus vel tantummodò quibusdam adgnatis præfertur ? Inspicienda sunt tria tempora, et legislatio senatusconsulti Tertylliani, et constitutiones imperatorum, et Justinianeæ leges.

Secundùm senatusconsulti Tertylliani præcepta, mater excludebatur à defuncti liberis vel primi gradûs vel ulterioris, qui ex filio nati tunc hæredes dicebantur sui, vel qui ex filiâ orti, constitutionibus principum, quas videbimus infrà, præponebantur aviæ suæ. Matri quoque anteponebantur liberi defuncti et pater et fratres consanguinei, sed non avus, proavus, etc.... Pariter autem cum matre sorores consanguineæ admittebantur, si solæ. Quòd si viverent et fratres et sorores consanguinei, matri fratres præferebantur, et tunc hæreditas dividebatur ex partibus æquis tantùm inter fratres et sorores.

Ex constitutionibus imperatorum, quæ relatæ sunt in codice Theodosiano, duæ præsertìm attentè legendæ sunt, altera Constantiniana, altera Valentiniano principe edita. Jam ante Justinianum intrà certos fines jus liberorum illæ constitutiones restrinxerant, statuentes matrem jure liberorum nudatam tertiæ parti admitti, etiam præsentibus defuncti liberi patruo vel nepotibus patruis. Contrà matri, quæ jus liberorum consequebatur, tertia portio detrahebatur, ut patruo vel nepotibus tribueretur. Illis necessitatibus partìm adjuvabatur, partìm prægravabatur mater.

Purè tandem Justinianus novam legislationem edidit. Æquum ei visum est matrem semper anteponi hæredibus omnibus, præter liberos defuncti, præterque fratres et sorores sive consanguineos, sive sola cognationis naturalis jura habentes; nec omninò excludebatur mater à personis fratrum et sororum, ut imperator prævidit in pluribus quæstionis positionibus. — Si quidem supersit mater cum fratribus et sororibus, vel cum fratribus tantùm, in capita distribuetur defuncti hæreditas, materque suscipiet unam partem successionis tanquam frater sororve: sed superstitibus solùm sororibus et matre, tunc mater dimidiam et sorores alteram dimidiam capient.

Sic relatis historiâ et legibus luctuosæ hæreditatis, quæ admittit matrem ad bona liberorum, videnda sunt breviter principia ordinis successionum naturæ magìs accommodati.

CAPUT SECUNDUM.

De Senatusconsulto Orphitiano.

Nisi mater in manu mariti fuisset, ut suprà diximus, liberi admittebantur ad matris bona tertio ordine velut cognati, et proximiores sanguine exstabant maximè remoti jure successionis, quod mirum simulque iniquum erat. Viginti fermè annis post Tertyllianum senatusconsulto Orphitiano provisum est, ut liberi consequerentur jus legitimæ successionis in maternis bonis. Cur matri consultum fuerit antequàm liberis, planè docet Heineccius his verbis : « Quòd mater si vellet pietatis officio per testamentum posset satisfacere, id quod per ætatem liberis sæpè haud licuerit, nec mirum videbitur priùs prospectum fuisse matri quàm liberis. »

Legitima hæreditas senatusconsulto Orphitiano data est tam filio quàm filiæ sui juris vel alieni. Deindè imperatorum constitutionibus ad similitudinem filiorum filiarumque nepotes et neptes vocati sunt.

Liberi quoque vulgò quæsiti ad matris bona admittuntur, quia solummodò inspiciendum est vinculum sanguinis. Justinianus tamen constitutione, quam invenimus in Codice (6 , 57 , 5), statuit spurios, natos è matronâ illustri quæ jam habet liberos procreatos ex justis nuptiis, nunquàm ad ejus admitti bona.

Omnes illi hæredes defunctæ matris consanguineis et adgnatis præferuntur. Sic senatusconsulto Orphitiano creatum est matri quoddam ferè genus hæredum suorum, et emendatum est antiqui juris præceptum : « *Mulier est finis et caput familiæ suæ.* »

In fine hujusce tituli animadvertimus paragraphum, qui non est senatusconsulto Orphitiano proprius, sed ad omnia hæreditatum genera respicit. Non est hìc locus latæ explicationis illius paragraphi ; sed ne videretur omissus per oblivionem, exponemus breviter ejus summarium. — Plures exstant hæredes, quorum alteri adierunt hæreditatem, alteri omiserunt vel morte vel aliâ causâ impediti, quâ quidem in occasione illis qui adierunt adcrescit portio omittentium ; et si, antequàm corripuerint bona relicta, decesserint adeuntes hæredes, eorum propriis hæredibus adveniet pars omissa, quam ipsi non potuerunt colligere : id est jus adcrescendi, de quo non tractandum est.

Code Civil.

LIVRE III, TIT. XVIII.

Des priviléges et des hypothèques.

1.° Notions générales sur le Droit de suite et le Droit de préférence.

2.° Du Droit de suite en particulier et de la purge des priviléges et hypothèques. — 2119-2102 (1.°) — 2166 à 2195.

3.° Dans quels cas le Droit de préférence survit-il à la perte du Droit de suite?

En suivant l'ordre qui vient d'être indiqué, nous allons essayer de résumer en quelques pages les dispositions de la loi sur cette matière à la fois longue et difficile : heureux si nous pouvons les exposer brièvement et avec clarté, en leur donnant l'interprétation la plus équitable et la plus logique !

CHAPITRE PREMIER.

Notions générales du Droit de suite et du Droit de préférence.

Toute affectation hypothécaire ou privilégiée des biens du débiteur produit des résultats de deux natures : résultats vis-à-vis du débiteur lui-même, résultats vis-à-vis des tiers.

Nous n'avons pas à nous occuper ici de la première classe de résultats. Il serait inutile de rappeler comment le débiteur, demeurant toujours investi de la propriété de l'objet, grevé, soit de l'hypothèque, soit du privilége, peut en jouir, l'aliéner, etc..., sous la restriction de ne jamais nuire aux sûretés dues au créancier.

Nous devons traiter simplement du droit de suite et du droit de préférence en général, c'est-à-dire, des résultats de l'affectation à l'égard des tiers.

Le droit de préférence confère aux créanciers, soit privilégiés, soit hypothécaires, le droit d'être payés sur le prix de l'objet vendu avant les créanciers simplement chirographaires. De plus il détermine entre les créanciers privilégiés et les créanciers hypothécaires, des causes de préférence basées, soit sur la nature de la créance, soit sur l'antériorité de la date.

Le droit de suite permet aux créanciers privilégiés ou hypothécaires de suivre l'objet grevé dans quelque main qu'il passe, et d'exercer leurs droits contre tout tiers détenteur.

Développons ces deux principes : — le Droit de préférence est consacré par l'art. 2094 C. Civ. Les créanciers privilégiés sur les immeubles comme sur les meubles, et les créanciers hypothécaires peuvent exercer à l'encontre des chirographaires ce droit, qui consiste en une préférence lors de la distribution du prix de l'objet affecté au privilége ou à l'hypothèque. — L'art. 2095 nous apprend que les privilégiés en concours avec les créanciers hypothécaires, l'emporteront sur ces derniers. En cas de conflit des privilégiés entre eux, le droit de préférence est déterminé par la nature de la créance (2096). Enfin, entre créanciers hypothécaires, le créancier antérieur en date l'emportera sur les autres (2134). — Le droit de préférence peut exister pour la distribution du prix des meubles, comme pour celle du prix des immeubles.

Le droit de suite est établi par l'art. 2114, § 3, et 2166 pour les hypothèques, qui n'affectent, on le sait, que les immeubles. — Que décider par rapport aux priviléges? Le créancier privilégié aura-t-il un droit de suite sur l'objet affecté à son privilége? Si le privilége porte sur un immeuble, ce droit de suite existe évidemment (2166). Mais relativement au privilége sur le meuble, y aura-t-il droit de suite? Les auteurs s'accordent à déclarer que ce droit n'existe pas, et il n'en saurait être autrement, si l'on veut s'en référer à l'esprit général de la loi. Cependant il est un cas où le droit de suite frappe le meuble; c'est dans l'hypothèse prévue par l'art. 2102, § 1.er, al. 5, dont voici la substance : le locataire ne peut déplacer les meubles et les vendre, même de bonne foi, sans le consentement du propriétaire de la maison qu'ils garnissent. Que s'il les a vendus sans ce consentement, le propriétaire est autorisé à les revendiquer en mains tierces.

Telle est la nature de ces deux droits, qui viennent remplir chacun un but distinct; l'un, le droit de préférence, agit entre les créanciers dont il détermine le rang pour la distribution du prix ; l'autre, le droit de suite, agit à l'égard de l'objet grevé et de tout tiers détenteur de cet objet. Ces deux droits, quoique parfaitement séparés et parallèles en quelque sorte, ont néanmoins entre eux certains rapports de dépendance qu'il est difficile de saisir. La troisième partie de notre question a trait à cette importante théorie.

Avant de terminer ces notions générales sur le droit de suite et le droit de préférence, nous devons constater que l'affectation privilégiée ou hypothécaire ne saurait se produire sans donner naissance à ces deux droits. S'ils n'existaient pas, le privilége ou l'hypothèque serait un vain leurre, un espoir stérile, duquel on abuserait les créanciers. Puisqu'on laisse au débiteur, dans l'intérêt de son crédit, le droit entier de propriété, il fallait, d'un autre côté, pour rassurer le créancier sur les conséquences désastreuses qui auraient pu en résulter pour lui, consacrer en sa faveur le droit de suivre l'objet vendu, et celui de se faire payer sur le prix de cet immeuble suivant son rang légitime.

CHAPITRE II.

Du Droit de suite en particulier, et de la purge des priviléges et hypothèques.

L'intérêt général de la société réclame une légitime circulation des biens : aussi n'a-t-on pas voulu enlever au débiteur privilégié ou hypothécaire, la faculté de vendre l'objet affecté au privilége ou à l'hypothèque. En échange de ce droit que la loi accorde au débiteur, elle a créé, comme nous venons de le dire, le droit de suite en faveur du créancier. Sans revenir sur les notions générales de ce droit, voyons quels en sont les effets.

Le créancier, qui en est armé, pourra se présenter au tiers détenteur de l'immeuble affecté, et lui fera sommation de délaisser l'objet qu'il a acquis, si mieux il n'aime acquitter toutes les charges. En deux mots, le créancier demande le payement ou le délaissement. Que si l'acquéreur de l'objet refuse de prendre un de ces deux partis, le créancier a le droit de poursuivre sur sa tête l'expropriation de l'immeuble, sans même avoir besoin d'obtenir un jugement pour agir par la voie exécutoire. « L'hypothèque inscrite se résout en saisie immobilière, que le créancier a droit d'exercer contre tout tiers détenteur *rectà vià*. » (Troplong.)

Toutefois nous devons remarquer que le tiers détenteur peut prévenir ou arrêter les poursuites des créanciers, en leur opposant certaines exceptions.

Lorsque le tiers détenteur n'est pas personnellement obligé à la dette, il peut s'opposer à la vente de l'immeuble affecté qu'il détient, et exiger de la part du créancier non privilégié ou non spécial sur l'immeuble, la discussion préalable des autres biens affectés à la même dette, qui sont demeurés en la possession du principal obligé (2170-2171). C'est là ce que l'on appelle *l'exception de discussion.*

Le tiers détenteur peut encore, dans certains cas, repousser l'action du créancier par *l'exception de garantie* ; c'est ce qui arrive lorsque ce créancier serait personnellement tenu envers lui de le garantir de toute éviction. Pothier cite comme exemple de ce cas, l'héritier du vendeur.

Outre ces exceptions, le législateur a encore accordé au tiers détenteur le droit de convertir l'action hypothécaire réelle du créancier, comme on l'appelait autrefois, en une action sur le prix, et de limiter celle-ci à la quotité de ce prix ; c'est-à-dire, de purger les priviléges et hypothèques. On a concédé cette faveur au tiers détenteur pour favoriser la circulation des biens, qui sans cela eût été entravée. Peu de gens se seraient hasardés à acheter des biens, s'ils avaient été dans l'alternative de payer intégralement le montant des dettes affectées sur ces biens ou de les délaisser. L'on achète généralement pour conserver le fruit de son acquisition et pour l'améliorer ; on ne veut point encourir la chance d'une dépossession.

En résumé donc, la vente d'un immeuble grevé de priviléges ou d'hypothèques peut donner lieu ou à un payement intégral fait par le tiers détenteur, ou au délaissement, ou à l'expropriation forcée, ou à la purge. Examinons rapidement ces quatre hypothèses.

N.° I.

Payement.

Le droit de suite se résout en une action sur le prix : d'où suit que le tiers détenteur a le droit de conserver l'immeuble acquis en payant intégralement, à l'époque où ses dettes deviennent exigibles contre le débiteur lui-même, les capitaux de toutes les dettes privilégiées ou hypothécaires inscrites sur cet immeuble, avec les intérêts et les frais. Le tiers acquéreur, qui fait ce payement, a un recours en garantie contre son vendeur pour tout ce qu'il a payé au-dessus du prix d'achat.

N.° II.

Délaissement.

I. Le tiers détenteur peut, en principe, délaisser sans aucune réserve (2168). Je dis en principe, car il est des cas exceptionnels où il ne le peut point, comme nous le verrons bientôt. Généralement le créancier hypothécaire n'a d'action contre le détenteur qu'à raison de la chose que celui-ci détient. Or, si la chose est abandonnée par ce tiers, le créancier ne saurait plus avoir aucun droit à exercer. — Le délaissement n'est qu'une abdication de possession ; la propriété demeure sur la tête du tiers acquéreur jusqu'à l'adjudication définitive. Tant que l'adjudication n'a pas eu lieu, le tiers détenteur peut reprendre l'immeuble, à la charge de payer toutes les dettes hypothécaires et les frais de la procédure en délaissement (2173) *in fine*. De plus encore, si après vente de l'objet sur délaissement et payement des créanciers privilégiés et hypothécaires, il y a un reliquat par suite d'une augmentation inespérée dans le prix de l'objet vendu, ce reliquat appartiendra au délaissant.

Nous devons dire encore que le délaissement diffère en tous points du déguerpissement. L'objet du déguerpissement était de se dégager de la rente ou redevance foncière assise sur le fonds par l'abandon de la propriété en faveur du propriétaire primitif. Le délaissement ne s'applique qu'à des biens hypothéqués, et n'est qu'un abandon de possession en faveur des créanciers. Le délaissement évite au tiers détenteur la honte d'une expropriation forcée, *et la brèche injuste qu'elle peut faire à son crédit*, suivant l'énergique parole de Troplong.

II. Dans certains cas les tiers détenteurs ne sont pas admis à délaisser. L'art. 2172 nous apprend que le délaissement de l'immeuble hypothéqué ne peut être fait que par une personne capable d'aliéner. De plus encore, il faut n'être pas personnellement obligé à la dette. — L'héritier pur et simple du débiteur n'est pas admis à délaisser : cela résulte de la nature même des choses. La question présente plus de difficultés pour l'héritier bénéficiaire ; nous croyons qu'il ne peut pas délaisser. Même décision pour le curateur à une succession vacante ; c'est un simple administrateur contre lequel les créanciers poursuivront l'expropriation forcée.

Même après avoir reconnu l'existence de la dette hypothécaire, ou après avoir subi une condamnation en la seule qualité de détenteur, le tiers détenteur sera admis à faire le délaissement (2173 *in principio*).

Pour délaisser, avons-nous dit, il faut être capable d'aliéner : cela paraît étrange, puisque le délaissement est un simple acte abdicatif de possession. Pour comprendre la sagesse de cette disposition législative, il suffit de réfléchir à l'importance de la possession d'un immeuble. — Les représentants des incapables ne peuvent pas délaisser ; cependant ce n'est point là une prohibition absolue ; en remplissant les formalités ordinaires pour suppléer à leurs pouvoirs, ils pourront délaisser ; ainsi le tuteur. (Persil, sur l'art. 2172.) Le délaissement peut être fait par le tiers détenteur, soit qu'il ait payé le prix au vendeur, soit qu'il ne l'ait point payé.

III. Le délaissement s'opère au moyen d'une déclaration faite au greffe du tribunal de première instance de la situation des biens, et il en est donné acte par ce tribunal. Le délaissement ainsi reçu, il est nommé à l'immeuble un curateur contre lequel est poursuivie l'expropriation (2174).

IV. La nomination du curateur décharge le tiers détenteur de l'administration, et, à partir de cette époque, la responsabilité ne pèse plus sur lui. Dire que le tiers n'est plus responsable, c'est dire qu'il l'a été. Quelle est l'étendue de cette responsabilité?

Les créanciers hypothécaires ou privilégiés ont contre le tiers détenteur (2175) une action à raison des détériorations survenues à l'immeuble par son fait ou sa négligence ; en regard de cette charge qui pèse sur le tiers détenteur, nous trouvons un droit qui lui compète. Dans le cas où il a amélioré, l'art. 2175 porte : Il peut répéter ses impenses et améliorations jusqu'à concurrence de la plus value résultant de l'amélioration. La loi ne distingue pas entre les impenses nécessaires et les impenses utiles. M. Troplong a cru pouvoir suppléer à ce silence du législateur ; il accorde au tiers détenteur le droit de répéter la totalité des impenses nécessaires seulement, sans égard à la plus value qui en est résultée. Cette doctrine nous paraît devoir être suivie. — Le délaissant est comptable des fruits à compter du jour de la sommation de payer ou de délaisser. Si toutefois les poursuites commencées ont été abandonnées durant trois ans, il n'est tenu de les restituer qu'à partir de la nouvelle sommation, alors même qu'il n'aurait pas demandé la péremption (2176.)

Enfin, il est d'autres effets du délaissement, qui sont aussi communs à l'expropriation forcée, comme nous aurons occasion de le dire plus tard. — En vertu des principes *nemini res sua servit*, et *nul ne peut prendre hypothèque sur lui-même*, le tiers détenteur, par l'effet de son acquisition, a fait évanouir les divers droits de servitude et d'hypothèque qu'il pouvait avoir sur l'immeuble acheté ; le délaissement les fera revivre (2177 1.°). Quant aux servitudes constituées par le délaissant pendant sa possession, elles seront maintenues. Seulement le tiers détenteur doit indemniser les créanciers du préjudice qu'a pu causer à l'immeuble cette constitution de servitudes. A défaut du tiers détenteur, les créanciers auront un recours en indemnité contre le propriétaire de la servitude. — Enfin, les créanciers, en faveur desquels le tiers détenteur a grevé d'hypothèques pendant sa possession le bien délaissé, conservent leurs droits, mais ne viennent à la distribution du prix qu'après le désintéressement intégral de tous les créanciers inscrits du chef du précédent propriétaire. — Le délaissement ayant produit éviction, un recours sera ouvert au délaissant contre son vendeur. Ce recours consiste en un droit de répétition de la partie du prix payée, des loyaux coûts de l'acquisition, des dommages-intérêts stipulés, etc. Que si les créanciers personnels du tiers détenteur ont été colloqués sur une portion du prix de l'immeuble délaissé, on devra déduire ce qui leur aura été payé, des sommes que le tiers a le droit de répéter contre son vendeur.

N.° III.

Expropriation.

S'il n'y a eu ni payement, ni délaissement, les créanciers inscrits sur l'immeuble peuvent recourir à l'expropriation forcée, moyen de contrainte que la loi leur accorde pour mettre à exécution les droits qu'ils ont sur les biens de leur débiteur. A Rome, le créancier, par l'exercice de l'action hypothécaire, se faisait mettre en possession de l'objet hypothéqué, et puis le faisait vendre. Notre Droit civil français n'accorde au créancier que le droit de poursuivre la chose, de la mettre sous la main de la justice, *de la frapper d'un gage judiciaire pour la faire vendre aux enchères publiques* (Troplong).

Avant d'agir par voie d'expropriation forcée contre les tiers détenteurs, les créanciers hypothécaires (2169) signifieront un commandement de payer, au débiteur originaire, et une sommation au tiers détenteur, de délaisser l'héritage ou de payer la dette. Ces actes sont faits par un huissier dans les formes ordinaires. On peut signifier la sommation avant le commandement, et *vice versâ*. Il paraît cependant plus logique de commencer par le commandement. Le créancier pourra poursuivre l'expropriation trente jours après ces notifications.

Nous ne parlerons pas de nouveau des art. 2175, 2176, 2177, 2178, que nous avons déjà expliqués en nous occupant du délaissement. Nous négligeons aussi la procédure en expropriation forcée, matière qui ne rentre pas dans notre sujet. Le cadre de ce travail ne nous permet pas de rappeler les discussions qui se sont élevées sur les effets de l'expropriation relativement à la purge des priviléges et hypothèques. — C'était jadis une maxime universellement reconnue que *tout décret forcé nettoie les hypothèques* (Loisel). Il y a même raison de décider sous l'empire du Code civil : les auteurs sont d'accord sur ce principe ; mais il s'est élevé un grave conflit sur l'extension à lui donner. L'expropriation forcée purge-t-elle les hypothèques légales non inscrites des femmes mariées et des mineurs? Ou bien l'adjudicataire est-il obligé de satisfaire encore aux formalités prescrites pour la purge *suivant des règles spéciales?* La question est vivement controversée.

N.° IV.

Purge des priviléges et hypothèques.

L'acquéreur d'un immeuble grevé de priviléges ou d'hypothèques peut, avons-nous dit, convertir l'action hypothécaire des créanciers en une action sur le prix, et limiter celle-ci à la quotité de ce prix; c'est-à-dire que : « La purge a pour objet d'arrêter dans l'intérêt du tiers acquéreur les poursuites qui pourraient être dirigées contre lui en vertu du droit de suite, et de conduire à l'affranchissement de l'immeuble grevé par certaines voies protectrices des droits des créanciers. » (Zachariæ.)

Tout tiers détenteur peut purger l'immeuble qu'il a acquis : il faut cependant, pour pouvoir user de ce droit de purge, n'y avoir pas renoncé, ou bien n'être pas personnellement obligé envers les créanciers contre lesquels on veut l'exercer. Il est deux espèces de purge, la purge suivant le droit commun, et la purge suivant des règles spéciales. — La purge *suivant le droit commun* (2181 à 2192) s'applique aux priviléges et hypothèques inscrits avant l'acte d'aliénation, à ceux qui sont inscrits dans la quinzaine de la transcription des actes d'aliénation, enfin aux hypothèques légales des mineurs et femmes mariées rendues publiques par l'inscription. — La purge *suivant des règles spéciales* est établie en faveur des hypothèques légales dispensées d'inscription et qui n'ont pas été inscrites (2193 à 2195). — Si l'immeuble se trouve simultanément grevé de priviléges et hypothèques inscrits, et d'hypothèques légales dispensées d'inscription non inscrites, il faudra user cumulativement des deux systèmes de purge.

PREMIER SYSTÈME.

Purge suivant les règles de droit commun.

Tout acquéreur qui veut purger est obligé de faire transcrire le contrat translatif de propriété par le conservateur des hypothèques dans l'arrondissement duquel les biens sont situés (2181). Cette transcription ne purge pas les priviléges et hypothèques constitués sur l'immeuble; l'acquéreur reçoit la propriété sous l'affectation des priviléges et hypothèques dont elle est grevée (2182). Pour se garantir de l'exercice de l'action hypothécaire, il devra, soit avant toutes poursuites, soit dans le mois au plus tard à compter de la sommation à lui faite, notifier à tous les créanciers inscrits (835 Proc. civ.) : 1.° l'extrait de l'acte d'acquisition qui contiendra la date et la nature du contrat; le nom et la désignation précise du vendeur ou donateur; la nature et la situation de l'immeuble vendu ou donné; s'il s'agit d'un corps de bien, la dénomination générale du domaine et des arrondissements dans lesquels il est situé; le prix et les charges de la vente, c'est-à-dire les prestations quelconques que l'acquéreur est obligé d'acquitter au profit du vendeur ou des tiers que celui-ci a entendu gratifier; enfin l'évaluation de la chose, si elle a été donnée : 2.° l'extrait de la transcription de l'acte de vente : 3.° un tableau sur trois colonnes; dans la première se trouve la date des hypothèques et celle des inscriptions; dans la seconde le nom des créanciers; dans la troisième le montant des créances inscrites.

Il faut observer encore que le donataire ou l'acquéreur doit déclarer dans l'acte de notification, qu'il est prêt à acquitter toutes les dettes et charges hypothécaires jusqu'à concurrence seulement du prix, sans distinguer les dettes exigibles ou non exigibles : l'acquéreur renonce ainsi au bénéfice du terme qu'il a obtenu du vendeur (2183 et 2184).

Ces formalités accomplies par l'acquéreur, les créanciers inscrits, soit avant soit après la transcription, doivent prendre un parti au sujet des offres de l'acquéreur, dans le délai de quarante jours de la notification, en y ajoutant deux jours par cinq myriamètres de distance entre le domicile élu et le domicile réel de chaque créancier requérant (2185 - 1.°). Au reste, tant que les créanciers n'ont pas manifesté leur intention, le tiers détenteur peut rétracter son offre et préférer le délaissement à la purge. Il est de principe que les offres non acceptées ne lient pas celui qui les a faites et qu'il peut les retirer. — Après les offres, un double parti peut donc être pris par les créanciers : ils peuvent accepter ou refuser le prix.

§ I.er Si le prix d'achat leur paraît représenter la véritable valeur de l'immeuble, ils l'acceptent. Les créanciers reconnaissent par là qu'il est impossible d'obtenir un prix supérieur, et la valeur de l'immeuble demeure irrévocablement fixée à ce prix. Par leur silence durant les délais indiqués pour surenchérir ou par l'annulation de leurs surenchères, les créanciers perdent l'exercice de leur action hypothécaire réelle; ils n'ont plus qu'un droit sur le prix d'achat (2186). L'acquéreur dégrève l'immeuble de toutes affectations par le payement du prix aux créanciers en ordre de recevoir, ou par la consignation, qui est faite, sans qu'elle ait besoin d'être validée plus tard par un jugement. L'acquéreur est obligé de notifier cette consignation aux créanciers et au vendeur.

Au surplus, de ce qu'on est déchu du droit de surenchérir, il ne s'ensuit point qu'on ne puisse intenter l'action *en simulation de prix*. Si l'on parvient à prouver que le prix réel de l'aliénation est supérieur au prix stipulé dans le contrat ou déclaré par l'acquéreur, cet excédant de prix est attribué aux créanciers hypothécaires non payés, alors même que l'immeuble serait déjà purgé et qu'il existerait des créanciers chirographaires non payés.

§ II. Si le prix ne convient pas aux créanciers inscrits, ils peuvent requérir la mise aux enchères et la revente de l'immeuble (2185). On a recours en ce cas à la procédure appelée surenchère sur aliénation volontaire et réglée par la loi du 2 juin 1841 (art. 832 à 838 Proc. civ.).

La faculté de surenchérir n'appartient qu'aux créanciers, inscrits au plus tard dans la quinzaine de la transcription; elle ne compète jamais aux créanciers chirographaires et aux hypothécaires omis dans le certificat délivré par le conservateur. — La réquisition de mise aux enchères est notifiée à l'acquéreur à personne ou domicile réel. Elle contient (2185-2.°) soumission de la part du requérant de faire porter l'enchère à un dixième en sus du prix stipulé ou déclaré, et offre du surenchérisseur de donner caution (2185-5.°), soit pour le prix et charges, soit pour le dixième en sus : cette caution doit être nominativement désignée. On signifiera la réquisition de surenchère au précédent propriétaire, comme débiteur principal (2185-3.°), dans le même délai et de la même manière qu'à l'acquéreur. Enfin, l'original et les copies de ces exploits seront signés par le créancier surenchérisseur ou par un fondé de pouvoir exprès, qui devra justifier de sa procuration (2185-4.°). Ces diverses règles sont prescrites à peine de nullité (2185 *in fine*). Seulement les créanciers dont les surenchères auraient été annulées peuvent requérir de nouveau la mise aux enchères, s'ils se trouvent encore dans les délais.

Si la surenchère a été valablement requise, la revente de l'immeuble est poursuivie indistinctement ou par le créancier surenchérisseur, ou par le tiers détenteur, ou par les autres créanciers qui peuvent se faire subroger à la poursuite engagée par le surenchérisseur renonçant. Jusqu'à l'adjudication, le tiers détenteur demeure propriétaire; d'où suit qu'il peut faire cesser les poursuites en payant le montant de toutes les créances inscrites et les frais de la surenchère; mais il ne saurait, en désintéressant le créancier surenchérisseur seul, empêcher les effets de la surenchère; la réquisition faite par l'un des créanciers devient commune aux autres (2190), et pour en empêcher les effets, il faut le consentement exprès de tous les créanciers.

Voyons enfin quelles sont les formalités pour arriver à l'adjudication. Il est procédé à l'apposition des placards, et le prix auquel le créancier surenchérisseur s'est engagé à faire porter l'immeuble, sert de mise aux enchères (2187). Nous ne pouvons suivre cette procédure dans tous ses détails. Il suffit de renvoyer aux art. 836, 837, 838, 717 et suiv. C. Proc. civ.

Le jugement d'adjudication qui vient clore la procédure en surenchère, est assimilé, quant à ses effets, à un jugement d'adjudication par suite d'expropriation forcée. Il purge les hypothèques inscrites, mais il n'éteint pas de plein droit les hypothèques légales dispensées d'inscription qui n'auraient pas été inscrites antérieurement. — Par suite de la surenchère, il peut se présenter deux cas : ou le tiers détenteur est demeuré adjudicataire sur surenchère, ou bien un tiers s'est rendu adjudicataire.

Dans la première hypothèse, l'adjudication n'est point en quelque sorte un nouveau contrat; c'est une conséquence du premier acte. Aussi dans ce cas le surenchérisseur n'est point tenu de faire transcrire le jugement d'adjudication (2189). Toutes les concessions d'hypothèques ou de servitudes que le tiers détenteur a pu consentir avant la mise aux enchères sortiront leur plein et entier effet. Enfin cet adjudicataire, tiers acquéreur primitif, aura un recours contre le vendeur pour le remboursement de tout ce qui excède le prix stipulé par son titre, et pour l'intérêt de cet excédant à compter du jour de chaque payement (2191). A cet effet, au préjudice même des créanciers chirographaires, il pourra retenir la somme qui existerait entre ses mains après le payement des hypothécaires.

3

Dans la seconde hypothèse, c'est-à-dire lorsqu'un tiers se rendra adjudicataire par suite de la surenchère, le titre de l'acquéreur primitif est anéanti autant qu'il est possible. Ainsi les hypothèques consenties par lui seront non avenues en ce sens qu'elles ne pourront être exercées sur l'excédant du prix de la surenchère qu'après le payement de tous les créanciers inscrits sur les précédents propriétaires (2177-2.°). Pour les servitudes, la restitution des fruits, les détériorations et les améliorations, nous renvoyons aux principes, que nous avons exposés au délaissement. Enfin, « l'adjudicataire est tenu personnellement, en dehors du prix de l'adjudication, de rendre à l'acquéreur dépossédé les frais et loyaux coûts de son contrat, de la transcription, de la notification, et ceux faits pour parvenir à la revente » (2188). — A la matière qui nous occupe se relie l'article 2192, dont les dispositions n'offrent pas de très-grandes difficultés d'interprétation. Il prévoit le cas où l'acquéreur serait dépossédé de partie des objets par lui acquis, et lui accorde une action en indemnité à raison du dommage qu'il éprouve par suite de la division des objets de son acquisition ou de celle des exploitations.

DEUXIÈME SYSTÈME.

Purge suivant des Règles spéciales.

Il nous reste à examiner comment sont purgées les hypothèques légales dispensées d'inscription, et qui en réalité n'ont pas été inscrites dans les délais. Nous trouvons ce système coordonné dans les art. 2193, 2194 et 2195 du Cod. civ.

L'art. 2193 consacre, en faveur des acquéreurs d'immeubles, appartenant à des maris ou à des tuteurs, le droit de purger les hypothèques qui pourraient grever ces biens. A cet effet, ils feront au greffe du tribunal civil du lieu de la situation des biens, dépôt d'une copie dûment collationnée de leur acte d'acquisition. Ce dépôt est constaté par un acte rédigé par le greffier. On notifiera cet acte de dépôt à la femme elle-même ou au subrogé-tuteur, ainsi qu'au procureur du roi. Si le poursuivant en purge, ignorant l'existence de la tutelle ou du mariage, ou ne connaissant pas le subrogé-tuteur ou la femme, craint cependant que l'immeuble par lui acquis ne soit grevé d'hypothèques légales, il déclarera dans la signification au procureur du roi, qu'il va faire faire des insertions dans les journaux d'annonces légales. A défaut de journaux dans le département, il suffit qu'il obtienne du procureur du roi un certificat constatant qu'il n'en existe pas (avis du conseil d'état, des 9 mai et 1.er juin 1807). — Un extrait de l'acte d'acquisition, contenant sa date, les noms, prénoms, professions et domiciles des contractants, la désignation de la nature et de la situation des biens, les prix et charges de la vente, restera affiché pendant deux mois dans l'auditoire du tribunal; le greffier dressera un nouveau procès-verbal, pour constater l'accomplissement de cette formalité. Pendant ce délai, les femmes, les mineurs, les maris, les tuteurs, les subrogés-tuteurs, les interdits, les parents ou amis et le procureur du roi, peuvent requérir et faire faire, au bureau du conservateur des hypothèques, des inscriptions sur l'immeuble aliéné, qui auront leur effet comme si elles avaient été prises le jour de la célébration du mariage, etc., ou le jour de l'entrée en gestion du tuteur. L'inscription prise, la femme ou le mineur peuvent surenchérir ou non.

S'il n'y a pas surenchère, il peut se présenter deux cas (art. 2195 al. 2 et 3) : ou d'autres hypothèques priment pour la totalité du prix celles de la femme et du mineur, et alors l'acquéreur est libéré, en employant son prix au payement des créanciers antérieurs ; ou bien les hypothèques légales sont les plus anciennes, et alors l'acquéreur ne pourra faire aucun payement au préjudice desdites hypothèques.

S'il y a surenchère, dans quel délai doit-elle avoir lieu? La majorité des auteurs s'accorde à décider que le mineur et la femme doivent surenchérir dans le délai de deux mois, qui leur est accordé pour prendre inscription. Cependant, M. Pigeau et de nombreux arrêts décident qu'indépendamment du délai pour prendre inscription, le mineur et la femme ont quarante jours pour surenchérir, à compter de leur inscription. La surenchère de la femme a lieu dans les formes ordinaires, et comme nous l'avons ci-dessus expliqué.

S'il n'y a point eu d'inscription prise, l'immeuble est définitivement libéré, à l'égard de l'acquéreur, des hypothèques légales qui le grevaient. Toutefois, nous croyons qu'en ce cas la femme perd son droit de suite, mais conserve son droit de préférence, d'après les règles qui vont être exposées.

CHAPITRE TROISIÈME.

Dans quel cas le Droit de préférence survit-il à la perte du Droit de suite ?

Il n'est pas dans la matière hypothécaire de théorie plus difficile que celle des rapports de dépendance du droit de suite et du droit de préférence. L'importante question que nous avons à traiter, est un fragment de cette théorie ; elle est très-controversée par les auteurs, qui n'ont guère posé pour la résoudre des principes certains de solution. Le droit de suite et le droit de préférence, quoique ayant une existence parallèle, sont cependant indépendants l'un de l'autre, de leur nature. Je dis de leur nature et non de leur essence, parce qu'il existe une grande différence entre ce qui est de *l'essence* d'un contrat et ce qui est de *sa nature*. Ce qui est de l'essence d'un contrat ne peut être modifié ni par la loi, ni par les conventions. Ainsi, sans *chose* ou *prix*, un contrat de vente ne peut exister. Ce qui est de la nature d'un contrat existe indépendamment de toute stipulation, mais peut être modifié par l'effet d'une convention expresse. Dans une vente, pour continuer cet exemple, la *garantie* est de droit ; mais une stipulation expresse peut libérer de cette obligation. — Or, si le droit de suite et le droit de préférence sont indépendants par nature et non par essence, il en résulte qu'ils ne seront dépendants l'un de l'autre que lorsque la loi ou les conventions l'auront spécialement ordonné.

Nul ne saurait contester l'existence abstractive des deux droits de suite et de préférence. Pour le prouver, il suffit de lire l'art. 2186. Le créancier, faute d'avoir requis la mise aux enchères, perd le droit de suite ; la propriété est définitivement fixée sur la tête du tiers détenteur, mais le droit de préférence est conservé. L'acquéreur doit payer le prix aux créanciers qui seront en ordre de recevoir. — L'art. 17 de la loi du 3 mai 1841, sur l'expropriation pour cause d'utilité publique, vient encore consacrer expressément cette vie indépendante des deux droits. — La purge elle-même a pour effet d'éteindre le droit de suite, en conservant le droit de préférence. — Quelquefois même, ainsi en matière de priviléges sur les meubles, le droit de préférence existe seul.

Que si ces droits sont indépendants par nature, la perte de l'un de ces droits, du droit de suite, n'emportera pas *de plano* la perte de l'autre, du droit de préférence; et par l'enchaînement logique des idées, l'on arrive à la formule suivante : Toutes les fois que la conservation du droit de préférence est soumise à l'accomplissement d'une condition, qui ne peut plus être réalisée lorsque le droit de suite est perdu, la perte du droit de suite entraîne virtuellement la perte du droit de préférence. — Or cette condition n'est autre que l'inscription hypothécaire. Il n'y a qu'à remplacer, dans cette formule, le mot *condition* par celui d'*inscription hypothécaire.*

Pour qu'un créancier hypothécaire puisse conserver son droit de suite sur un immeuble, il doit s'être inscrit au plus tard dans la quinzaine de la transcription de l'acte de vente. Sans cette formalité, le droit de suite est perdu, l'acquéreur devient propriétaire incommutable, et dès lors le droit de préférence est perdu aussi. — Que si l'inscription n'est pas exigée, la perte du droit de suite n'entraîne pas celle du droit de préférence. Ce principe nous semble résoudre de graves difficultés, sur lesquelles les auteurs sont divisés. C'est ainsi que nous déciderons, par exemple, que la femme et le mineur, qui ne se sont pas inscrits dans les délais spéciaux qui leur sont accordés par la procédure en purge, perdent le droit de suite, en conservant à l'égard des créanciers celui de préférence, parce que leurs priviléges ou hypothèques existent indépendamment de toute inscription. On n'exige qu'ils s'inscrivent que pour exercer le droit de suite, par exemple, pour surenchérir. — Ces principes nous paraissent devoir être appliqués d'une manière absolue, nous ne voulons cependant pas dire qu'ils ne subissent aucune exception : seulement il faudra que ces exceptions aient été formellement prévues par un texte de loi spécial.

Code de Procédure.

LIV. II, TIT. I.er

De la Conciliation.

Les esprits novateurs de la révolution, qui finirent par annihiler presque complétement l'ordre judiciaire, avaient eu en vue, dès le principe, de simplifier la marche de la justice. Parmi toutes les institutions qui tendaient à réaliser ce but, une surtout, la conciliation, est digne de l'attention la plus sérieuse. Soumettre les contestations des citoyens à l'autorité morale d'un homme sage et respecté, éviter l'éclat des procès, arriver sans frais à une solution prompte des difficultés des parties, tels étaient les résultats que l'on se proposait d'atteindre par cette innovation. La conciliation qui existait depuis longtemps dans un pays voisin, en Hollande, fut accueillie en France avec un juste enthousiasme, et l'Assemblée constituante, en organisant cette salutaire procédure, vint satisfaire au vœu général de la nation. Depuis longtemps on répétait, « *Mauvais accommodement vaut mieux que bon procès.* » En créant l'épreuve conciliatoire, le législateur écrivait en quelque sorte ce vieux brocard en tête de notre Code de procédure, comme pour arrêter les parties sur le seuil du temple de la justice. Mais s'il était sage de proclamer le principe de la conciliation, il ne fallait pas non plus l'exagérer. L'Assemblée constituante (loi des 15 et 24 août 1790), tomba dans cet excès de tous les réformateurs. Se laissant trop vivement influencer par les brillantes promesses de la théorie, elle étendit outre mesure ce nouveau système, et les résultats de l'expérience apprirent encore ici, que les bonnes lois sont le fruit de longs tâtonnements. C'est ainsi qu'on exigeait l'essai de conciliation même en appel. Les personnes incapables de transiger, les affaires non susceptibles de transaction, les causes qui requièrent célérité n'étaient point dispensées de ce préliminaire. Le Code de procédure vint remédier à cet état de choses, et renferma la nécessité du préliminaire de conciliation dans de justes limites. — L'omission de l'essai conciliatoire, dans les cas où il est exigé, constitue une nullité d'ordre public opposable en tout état de cause. — Résumons rapidement les principales règles de cette matière importante.

I. *Affaires dispensées du préliminaire de la conciliation.* — Toutes les affaires sont soumises au préliminaire de la conciliation, sauf celles qui en sont dispensées par la loi ; telle est la règle générale. Les art. 48 et 49 Proc. civ. sont consacrés à nous faire connaître ces cas de dispense ; le premier de ces articles nous apprend les caractères que doit présenter toute affaire pour être soumise à la conciliation, et le second vient simplement en faciliter l'interprétation par quelques exemples; il est énonciatif, et non limitatif.

Pour qu'une demande soit soumise au préliminaire de la conciliation, elle doit réunir cinq caractères, à savoir : ressortir d'un tribunal de première instance, être principale, introductive d'instance, exister entre parties capables de transiger, et sur des objets qui peuvent être la matière d'une transaction.

1.° Les affaires qui sont portées devant un tribunal de première instance, sont seules soumises à l'essai de conciliation. En effet, les affaires jugées par les tribunaux de commerce demandent une grande célérité, et par cette raison, elles ne sauraient être assujetties à ce préliminaire. — Dans les causes soumises aux prudhommes ou aux juges de paix, la voix du conciliateur se fera toujours entendre avant celle du juge. — Enfin, s'il s'agit d'un procès pendant devant une Cour royale, la conciliation n'est point présumable. Peut-on espérer, après l'aigreur des premiers débats, la réussite d'une épreuve qui a déjà été vainement tentée? Même raison de décider pour les contestations dont connaissent les tribunaux civils comme juges d'appel par rapport aux justices de paix.

2.° La demande doit être principale; ainsi toutes les demandes accessoires, qui naissent pendant le cours d'une instance, sont affranchies de ce préliminaire. Il n'est pas probable que les parties, qui n'ont point été d'accord sur le fonds même de leurs prétentions, puissent s'accorder plus facilement sur ces nouvelles causes de litige.

3.° La demande doit être introductive d'instance. Au premier abord, on est tenté de croire que toute demande principale est nécessairement introductive d'instance; cependant il n'en est point ainsi. Tantôt la demande principale est introductive d'instance, tantôt elle est formée incidemment: ainsi une demande en intervention, quoique principale, n'est point introductive d'instance. Il en est de même de la demande en garantie. Cette distinction avait une grande importance sous le régime de la loi de 1790, parce que cette loi soumettait à la conciliation toutes les demandes principales, sans distinction entre les demandes introductives d'instance ou non.

4.° Le procès doit avoir lieu entre des parties capables de transiger. A ce point de vue, sont dispensées de la conciliation les demandes intéressant l'Etat, le domaine, les communes, les établissements publics, les mineurs, les interdits, les curateurs aux successions vacantes, etc. — Pour qu'une transaction soit probable, le nombre des défendeurs doit être restreint. C'est pourquoi l'art. 49, § 6, dispose, que pour être assujettie au préliminaire de la conciliation, la demande ne doit pas être formée contre plus de deux parties, encore qu'elles aient le même intérêt. L'interprétation de cette disposition de la loi a soulevé de nombreuses difficultés; par exemple, *quid* de la société civile? *quid* de la femme et du mari?

5.° La demande doit porter sur des objets qui peuvent être la matière d'une transaction; il eût été inutile de forcer les parties à subir une épreuve qu'on savait par avance ne pouvoir amener aucun résultat. Rentrent dans cette catégorie diverses causes sujettes à communication au ministère public, comme les demandes en vérification d'écritures, en désaveu, en règlement de juges, en renvoi, etc...., ainsi que toutes celles qui ne sont pas susceptibles de compromis. Il nous semble, en effet, qu'on doit, au point de vue de la conciliation, assimiler les affaires sur lesquelles on ne peut compromettre à celles sur lesquelles on ne peut transiger. (Boitard.) — (1004 et 49, § 7, n.° 1 Proc. civ.)

Par des textes spéciaux, la loi a dispensé encore de l'essai conciliatoire certaines classes d'affaires qui, si l'on se conformait entièrement à la théorie de l'art. 48, devraient y être soumises; c'est ainsi qu'on omet le préliminaire de la conciliation dans les causes qui requièrent célérité; dans les demandes contre un tiers saisi, et en général sur les saisies, les offres réelles, la remise des titres, leur communication, les séparations de biens, les tutelles et curatelles. — On l'omet encore dans les demandes de mise en liberté. en main-levée de saisie ou opposition qui présentent un caractère des plus urgents; dans les procès sur payement de loyers et fermages, ou arrérages de rentes, ou pensions; enfin, dans les demandes des avoués en payement des frais qui leur sont dûs. (49, § 7, Proc. civ. — Art. 9 du décret du 16 février 1807.)

II. *Compétence en matière de conciliation.* — On est toujours cité en conciliation devant un juge de paix. Que la matière soit personnelle, réelle ou mixte, le défendeur est cité devant le juge de paix de son domicile. On a pensé que ce juge aurait plus d'influence sur l'esprit du défendeur, et l'amènerait plus aisément à une transaction; s'il y a deux défendeurs, la citation est donnée devant le juge de paix du domicile de l'un d'eux, au choix du demandeur. — La société civile est citée en conciliation devant le juge du lieu où elle est établie. Le § 3 de l'art. 50 indique les règles spéciales de compétence en matière de succession. Les mots *sur les demandes relatives à l'exécution des dispositions à cause de mort jusqu'au jugement définitif,* etc., que nous trouvons à la fin de ce paragraphe, ont donné lieu à de vives controverses. Il nous semble que le législateur a voulu dire par là que dans tous les cas les légataires peuvent et doivent saisir le tribunal du lieu de l'ouverture de la succession, même après le partage opéré, tant qu'un jugement définitif n'est pas venu produire une sorte de novation dans leur titre. (Rodière, t. 1, pag. 118.) Quant aux demandes formées contre les légataires par les héritiers après la délivrance des legs, elles rentrent dans les règles ordinaires de compétence. — Les parties couvrent par leur comparution, soit spontanée, soit sur billet d'avis ou citation, l'incompétence *ratione personæ* du juge de paix.

III. *Procédure en conciliation et résultats de cette procédure.* — Aux termes de l'art. 17 de la loi du 25 mai 1838, les juges de paix peuvent défendre aux huissiers de leur ressort de donner aucune citation en conciliation devant eux, sans qu'au préalable ils aient notifié aux parties un billet d'avis sans frais. Tous huissiers résidant dans le canton de la justice de paix peuvent assigner en conciliation; cette citation contient les mêmes formalités que les ajournements ordinaires devant les juges de paix; elle est à trois jours. — Les nullités de la citation sont couvertes par la comparution du défendeur, sauf le cas où refusant d'entrer en explication sur le fonds, il viendrait simplement opposer la nullité de l'exploit.

Au jour fixé, les parties comparaissent en personne ou par un fondé de pouvoir, qui, en ce cas, doit justifier de l'empêchement du mandant, et être muni d'une procuration spéciale, soit authentique, soit sous seing privé. Sous l'empire de la loi du 27 mai 1791, le mandataire devait avoir le pouvoir de transiger, et ne pouvait être pris parmi les personnes appartenant à l'ordre judiciaire. La loi de 1838, art. 18, a permis de choisir pour procureur fondé tous individus autres que des huissiers; de plus, on décide généralement que le pouvoir de transiger n'est pas indispensable au mandataire.

L'essai de conciliation ne doit pas nécessairement avoir lieu en séance publique. — Lors de la comparution, le demandeur explique sa demande, et peut même l'augmenter, ainsi, réclamer les intérêts du capital. De son côté, le défendeur peut former toutes demandes reconventionnelles qu'il juge convenables. Lorsque le défendeur ou le demandeur réclament un délai pour apprécier les demandes de leur adversaire, le juge de paix pourra le leur accorder.

Si les parties parviennent à se concilier, le juge de paix en dressera procès-verbal, contenant les conditions de l'arrangement. Ce procès-verbal aura force d'obligation privée.

S'il n'y a pas conciliation, le juge exhorte les parties à soumettre leur différend à des arbitres, et dresse un procès-verbal contenant mention sommaire de la non-conciliation et constatant la nominatiou des arbitres si elle a eu lieu. En général, le procès-verbal ne doit pas rapporter les dires, aveux et dénégations des parties. Jadis, la loi de 1790 l'exigeait. — Si une des parties a déféré le serment à l'autre, le juge de paix le reçoit ou fait mention du refus de le prêter. Ce refus de serment d'une partie ne l'empêcherait pas plus tard de le prêter devant le tribunal, à la charge de payer les frais frustratoires occasionnés par ce refus.

Le défaut de comparution du demandeur ou du défendeur n'exerce aucune influence sur l'admissibilité ou l'inadmissibilité des conclusions, puisque le juge de paix est simplement conciliateur et non point juge. En ce cas, il n'est point dressé procès-verbal : la non-comparution est simplement attestée sur le registre du greffe de la justice de paix, et sur l'original ou la copie de la citation, suivant que c'est le défendeur ou le demandeur qui a fait défaut. De plus, la partie non comparante est passible d'une amende de dix francs, du payement de laquelle elle doit justifier pour obtenir audience. A ce sujet, il naît une difficulté assez grave. La partie actionnée peut-elle, en ne payant pas l'amende, arrêter indéfiniment le cours de l'instance? Non certainement, il faut décider qu'un jugement de défaut sera poursuivi contre cette partie, dont l'opposition ne sera recevable que sur la justification de la quittance.

L'effet de toute citation en conciliation est d'interrompre la prescription et de faire courir les intérêts tant pour les demandes principales que pour les demandes reconventionnelles, pourvu qu'elle soit suivie dans le mois de sa date d'une assignation en justice. Elle dispense pendant trente ans de la nécessité de renouveler l'essai conciliatoire.

Si aucune des parties n'a comparu au jour fixé par la citation en conciliation, la partie, qui veut se constituer demanderesse en 1.re instance, obtient du greffier de la justice de paix certificat de non comparution; la citation, en ce cas comme dans les autres, interrompra la prescription, si un ajournement est donné dans le mois à dater du jour de la non-comparution.

Code de Commerce.

DE LA LETTRE DE CHANGE.

Du Protêt et de la clause retour sans frais.

La plupart des peuples ont regardé le protêt comme un acte indispensable au commerce. Cependant une nation célèbre par sa puissance maritime et son génie mercantile, l'Angleterre, n'en fait aucun usage. Il existe dans les diverses places anglaises des banquiers qui jouent en quelque sorte le rôle d'officiers publics; leur signature suffit à prouver que le papier est en souffrance, sans que l'on ait besoin de faire protester. Il serait à désirer que nous eussions en France une institution analogue, qui, en amenant une plus grande célérité dans les affaires, permettrait encore au commerce de réaliser une grande économie d'argent.

Chez nous, le protêt est destiné à constater d'une manière absolue, tantôt le défaut d'acceptation, tantôt le défaut de payement.

Le protêt faute d'acceptation n'est pas indispensable. On ne saurait décider autrement, puisque l'acceptation est une simple formalité protectrice, un cautionnement indirect.

Si on avait voulu faire preuve du non-payement des lettres de change, d'après les principes généraux du Droit, en agissant successivement contre les divers signataires, on se serait lancé dans un dédale inextricable de procédures. Pour obvier à cet inconvénient, le bon sens commercial a créé le protêt faute de payement, mode de preuve solennel et nécessaire même en cas de mort ou de faillite du tiré.

La théorie du protêt est une des plus importantes parties de la lettre de change. Nous en diviserons l'explication en cinq paragraphes.

I. *Qui peut requérir le Protêt?* — Tout porteur de la traite peut requérir le protêt. Le mandataire lui-même peut faire protester en son propre nom, sans qu'on puisse lui opposer la maxime : *Nul ne plaide en France par procureur.* Il faut étendre ce principe au simple détenteur, contrairement à l'opinion de M. Pardessus. En effet, si le détenteur a pu se présenter au tiré pour exiger le payement, il doit indispensablement pouvoir constater le non-payement, c'est-à-dire faire protester. A propos du simple détenteur, il s'est présenté une question délicate. Il se peut que le tiré, qui n'a pas voulu solder le détenteur de la traite en objectant qu'il n'a pas qualité pour recevoir le payement, vienne à faillir. En ce cas, le porteur perd son recours contre les endosseurs ; il est responsable de ne pas s'être présenté lui-même.

II: *En quel lieu le Protêt doit-il être fait ?* — Après avoir examiné à la requête de quelles personnes le protêt peut être fait, nous devons nous demander en quel lieu il doit l'être. La loi a posé comme principe général de cette matière que le protêt sera fait au domicile du tiré et non indistinctement à domicile ou à personne, comme cela se pratique dans les exploits de la procédure ordinaire. Toutefois il importe de modifier cette disposition législative dans ce qu'elle peut avoir de trop large.

Nous avons déjà dit que par l'acceptation on se propose simplement d'obtenir un cautionnement indirect, une simple signature ; d'où il faut décider que le protêt faute d'acceptation pourra être signifié à la personne du tiré, puisque généralement celui-ci peut en tous lieux revêtir le billet de sa signature. Que si, pour accorder cette signature, il fallait recourir à des liquidations de comptes, compulser des écritures commerciales, le protêt faute d'acceptation devrait être fait au domicile du tiré, parce que c'est là simplement qu'il peut faire ces diverses opérations.

Quant au protêt faute de payement, il sera toujours fait au domicile du tiré. C'est là qu'est présumé se trouver l'argent destiné au payement de la traite. Le domicile des divers signataires est indiqué par la lettre de change ; au cas de fausse indication, le protêt serait précédé d'un acte de perquisition. En parlant du domicile, la loi a voulu parler du domicile réel du tiré. Cependant il n'est pas douteux qu'on ne puisse indiquer le domicile d'une personne autre que le tiré pour y effectuer le payement de la lettre de change, qui prend alors le nom de *traite domiciliée.* En ce cas les fonds doivent se trouver au domicile élu, et dès lors c'est là que devra être fait le protêt faute de payement. — Le porteur peut domicilier la traite ou laisser cette faculté au tiré. — Si lors de la présentation à l'acceptation, le tiré qui ne réside pas au lieu de la traite oublie de désigner la maison où le porteur doit réclamer le payement, comme on doit présumer que le porteur a intérêt à être payé au lieu indiqué par la traite, on protestera à ce lieu après acte de perquisition, constatant que d'inutiles diligences ont été faites pour découvrir le domicile, indiqué d'une manière insuffisante. — Le protêt sera fait au domicile des *besoins.* Un exemple est indispensable pour l'intelligence de ce mot. *Primus* tire une lettre de change sur *Secundus* de Paris ; il craint que la traite ne soit point soldée par le tiré, mais il est certain que *Tertius* avec qui il est en relation d'affaires la payerait : alors il ajoute aux mots *à Secundus de Paris*, ceux-ci : *et au besoin à Tertius de Paris.* En ce cas le porteur doit satisfaire aux vues du tireur, présenter la traite à *Secundus* premier tiré, et ensuite à *Tertius* second tiré ou *besoin*, comme l'on dit en pratique. Ainsi en deux mots le besoin est la personne indiquée pour solder la lettre de change à défaut du tiré. On conçoit qu'on peut avoir plusieurs besoins ; on évite ainsi des frais considérables. — Si tous les docteurs admettent que le tireur peut indiquer des besoins, la question a souffert des difficultés relativement aux endosseurs. Cependant un jugement récent du tribunal de commerce du Havre, sanctionné par un arrêt de la Cour de cassation, décide avec raison que les endosseurs ont la faculté d'indiquer des besoins. — Enfin le protêt sera fait au domicile du tiers qui a accepté par intervention (173).

III. *Epoque et formes du Protêt.* Le protêt faute d'acceptation est facultatif, aussi n'est-il pas rare qu'en pratique on omette cet acte. Lorsque la lettre de change est tirée à un ou plusieurs jours de vue, à un ou plusieurs mois, à une ou plusieurs usances de vue (129 C. comm.), il est indispensable, pour fixer le jour de l'échéance, de présenter la traite au visa : si ce visa est refusé, on le constate par un protêt, qui doit être fait dans les délais fixés par l'art. 160 modifié par la loi du 19 mars 1817, art. 2.

Le refus de payement doit être constaté le lendemain du jour de l'échéance par le protêt faute de payement. On s'est demandé si cette disposition de la loi était un ordre pour le porteur de ne pas faire le protêt le jour de l'échéance ou une simple faculté. Les auteurs se sont généralement mépris sur la pensée qui a présidé à la rédaction de la loi; ils ont interprété le texte en faveur du tiré, et ont décidé que le porteur ne pouvait en aucune sorte protester le jour même de l'échéance : nous ne saurions partager cette opinion. Le législateur a voulu favoriser non le tiré, mais le porteur, en lui accordant le droit de faire, le lendemain de l'échéance, un acte qu'il n'a pas eu peut-être le temps de faire le jour même. S'il n'en était point ainsi, l'on arriverait à des conséquences désastreuses pour le porteur. Par exemple : Les lettres de change en foire sont payables la veille de la clôture de la foire, ou le jour même si elle ne dure qu'un jour. Or, si on admet la théorie des auteurs, qui veulent que le protêt ne puisse être fait que le lendemain de l'échéance, il en résultera que la lettre de change payable en foire ne le sera en réalité que le lendemain de la foire, puisque c'est ce jour-là seulement que le porteur pourra protester. Dès lors le malheureux porteur, qui espérait acheter avec l'argent de la traite, n'obtiendra les fonds que lorsqu'il ne pourra plus faire ses achats. Pour obvier à ces inconvénients, il faut décider que la loi a entendu accorder une faveur au porteur et non au tiré. Il est encore une raison qui nous confirme dans notre opinion, c'est que la loi a aboli toute espèce de délais de grâce en matière d'échéance de lettre de change. 135 C. comm.

Si le lendemain de l'échéance est un jour férié légal, le protêt, par exception, peut être fait le jour suivant. Un événement de force majeure ne dispenserait pas le porteur de faire protester le jour ou le lendemain de l'échéance. Toutefois si cet événement intéressait la nation tout entière, le délai du protêt pourrait être prorogé. C'est ce qui a été décidé par le tribunal de commerce de Paris, à propos des événements de juillet 1830.

Peuvent seuls faire les protêts, les officiers ministériels désignés par la loi, à savoir : deux notaires, ou un notaire assisté de deux témoins, ou bien encore un huissier et deux témoins. Le protêt doit contenir les énonciations prescrites par l'art. 174 C. comm., à savoir : transcription littérale de la traite, sommation d'en payer le montant, présence ou absence de celui qui doit payer, motifs du refus de payer, impuissance ou refus de signer le protêt. La loi ne prononce pas la peine de nullité pour l'omission de ces formalités; cependant il n'est pas douteux qu'on ne puisse annuler le protêt dans certains cas. Les auteurs ont cherché à suppléer au silence de la loi, et ont établi sur ce point divers systèmes à peu près inconciliables. Voici la seule règle qui nous paraisse admissible : le protêt est valable toutes les fois qu'il résulte du contenu de cet acte une indication claire de la traite qui a été protestée. Toutes les énonciations qui ne s'y rattacheraient pas directement, sont purement de forme, et ne sauraient par conséquent entraîner la nullité du protêt.

L'action en nullité du protêt est portée devant le tribunal de commerce du lieu où l'on a protesté; mais l'action en dommages intérêts contre l'officier ministériel, dont la faute a amené la nullité du protêt, sera intentée devant le tribunal civil du domicile de cet officier, ce qui a quelquefois amené en pratique des résultats extrêmement fâcheux pour le porteur dont le protêt est annulé. — Enfin on exige, sous peine de destitution, dépens et dommages intérêts envers les parties, la remise d'une copie du protêt à celui contre qui on fait cet acte; et de plus l'inscription du protêt en entier sur un registre spécial que le notaire ou l'huissier tiennent jour par jour et par ordre de date (176).

IV. *Effets du Protêt.* — Le protêt a pour effet d'établir un mode solennel de preuve faisant foi envers et contre tous. C'est un acte authentique, purement conservatoire, qui sauvegarde des droits et qui n'est nullement un commencement de poursuite. En attestant le non-paiement, il conserve les droits de recours du porteur contre les autres signataires de la traite, mais à une condition, c'est qu'il sera suivi, dans la quinzaine de sa date, d'une notification faite par le porteur à toutes les personnes contre lesquelles il veut conserver ses droits, avec assignation en jugement. Toutefois si ces personnes étaient domiciliées à une distance de plus de cinq myriamètres, le délai ci-dessus indiqué sera augmenté d'un jour par deux myriamètres et demi excédant les cinq.

L'inobservation de ces formalités ne détruit pas les droits du porteur contre le tireur et les cautions du tireur; mais elle empêcherait tout recours contre les endosseurs.

V. *Peut-on dispenser du Protêt?* — En thèse, nul acte de la part du porteur ne peut suppléer le protêt. Cependant on voit très-souvent sur les traites ces mots : *retour sans frais*, par lesquels il faut entendre que le porteur renverra la lettre soit au tireur, soit aux endosseurs, sans la faire protester. Cette suppression du protêt, d'un acte qui peut intéresser de très-nombreux signataires, n'est pas toujours sans danger. Cependant la doctrine et la jurisprudence s'accordent à permettre cette clause.

Le tireur et les endosseurs peuvent insérer cette mention par les deux mots *sans frais*, mis à côté de leurs signatures. Parfois, en pratique, on se sert des simples initiales *S. F.* qu'on écrit au bas de la traite. Ce mode d'exprimer cette clause ne nous paraît pas valable. Il faut nécessairement qu'elle soit rédigée en toutes lettres ; sans cela il serait impossible de reconnaître l'écriture ; le faux deviendrait trop facile.

Si la clause émane du tireur, elle agit à l'égard de tous les signataires du papier. Si c'est un endosseur qui l'a insérée, elle engage tous les endosseurs qui le suivent, mais non ceux qui le précèdent. On conçoit aisément que les endosseurs postérieurs doivent subir la loi imposée par ceux qui leur transmettent la traite.

La mention *retour sans frais* est-elle une simple remise ou une défense du protêt? Heiner dit que dans tous les cas c'est une défense de protester. Ce n'est point notre opinion ; il faut établir une distinction. La clause qui émane du tireur constitue un ordre, une véritable défense, parce qu'il est injurieux à son honneur de faire protester sa signature. Que si elle est imposée par un endosseur, comme l'honneur de celui-ci n'est pas engagé à ce qu'il y ait ou non protêt, la mention n'est plus qu'une simple dispense du protêt. — Si la clause *retour sans frais* dispense le porteur du protêt, celui-ci n'en est pas moins tenu de réclamer le payement à l'échéance, et de justifier, par des moyens de droit commun, que le tiré a été mis en demeure de payer. De plus, la jurisprudence, après avoir flotté longtemps incertaine, a décidé que le porteur devait exercer son recours dans la quinzaine, sous peine d'être déchu de ses droits contre les endosseurs.

Droit Administratif.

DES DÉCISIONS ADMINISTRATIVES.

Formes et éléments constitutifs de ces Décisions. — Diverses espèces de Décisions. — Opposition aux Décisions par défaut.

Celui qui connaîtrait d'une manière approfondie les principes de compétence et de juridiction, serait encore bien loin de posséder la science administrative, s'il ignorait la manière de mettre en action les droits dont il a appris l'existence. Il n'est pas encore d'ouvrage spécial qui ait établi les principes généraux en matière d'instruction et de procédure administrative. C'est là une lacune qui demande à être comblée. Espérons que les œuvres de quelque jurisconsulte éminent viendront porter la lumière sur cette partie du Droit, dont la connaissance est si peu répandue, et cependant si indispensable.

A côté des tribunaux civils, il existe en France des tribunaux administratifs. Si les jugements des tribunaux civils sont soumis à des règles, les décisions des tribunaux administratifs sont assujetties aussi à certaines formes, que nous indiquent des lois spéciales, et à défaut de lois spéciales, les principes même de la procédure civile, en tant qu'ils peuvent être appliqués. — Il est entre les instructions administratives, actes du pouvoir exécutif pur, et les décisions administratives, une grande différence que nous ne nous attacherons pas à faire ressortir (*).

Les tribunaux administratifs prononcent sur les conclusions que les parties prennent dans leurs requêtes ou pétitions. Comme les tribunaux ordinaires, ils ne peuvent jamais juger les demandes dont ils ne sont pas saisis. Ils ne sauraient non plus statuer *ultrà petita*. Lorsque, nonobstant les prohibitions de la loi, pareille décision aura été rendue, les parties pourront l'attaquer devant le conseil d'état, par la voie de l'appel, si elle émane d'un tribunal de premier ressort; et par celle du pourvoi en cassation, si elle a été rendue en dernier ressort. Que si le conseil d'état statuait lui-même hors des limites de ses pouvoirs, nous ne connaissons pas de moyens de recours. En matière administrative, il n'existe pas de requête civile. — Les tribunaux administratifs ne peuvent jamais statuer par voie de disposition réglementaire et générale; ce principe est commun à la justice administrative et à la justice civile (art. 5 Cod. civ.).

Les décisions administratives sont ou gracieuses, ou contentieuses : gracieuses, elles ne sont soumises à aucune règle, et ne sont pas susceptibles de recours; contentieuses, elles sont astreintes à certaines formes, dont l'inobservation engendre un droit de recours. C'est de ces dernières que nous devons parler.

CHAPITRE PREMIER.

Formes et Éléments constitutifs des décisions administratives.

Les décisions contentieuses sont rendues par des tribunaux administratifs du premier degré ou du second degré. Voyons dans les deux cas quelles en sont les formes et les éléments constitutifs.

I. *Tribunaux du premier degré.* — Les décisions des *ministres* n'offrent rien de régulier dans leurs formes; elles sont rendues d'office ou sur la demande des chefs d'administration ou des parties (**). Généralement elles consistent en une simple lettre adressée aux parties, qui contient un disposi-

---

(*) Chauveau, Princ. de compét. et de juridict., tome 1.er, n.os 182 à 190.

(**) Macar., Jurisp. adm., tome 1.er, page 32, n.o 70.

tif, mais rarement des motifs. — Parfois aussi, les décisions des ministres sont rendues sur l'avis d'un des comités du conseil d'état (*). En ce cas, elles ont le plus souvent des considérants et un dispositif.

Les *préfets* statuent par *arrêtés*, dont la forme varie peu. Les principaux éléments de ces arrêtés sont le visa des pièces produites, les motifs ou considérants, enfin le dispositif; *le préfet arrête*, *le préfet statue*, etc... Les arrêtés des préfets doivent être transcrits sur un registre à ce destiné (**). Malheureusement on a négligé en pratique cette formalité. — Les arrêtés que les préfets rendent *en conseil de préfecture* sont signés d'eux seuls; ils portent ces mots : *l'avis du conseil de préfecture entendu.* (Circulaire du ministre de l'intérieur du 29 septembre 1835.)

Les *conseils de préfecture* rendent aussi des arrêtés, dont la forme est complètement arbitraire. Il faut toutefois qu'il apparaisse de la rédaction de l'arrêté, que le conseil de préfecture a entendu rendre une décision. Les formules en usage sont celles-ci : le conseil de préfecture *arrête*, *ordonne*, *condamne*, etc. Les décisions doivent être motivées, et de plus, s'il y a condamnation, il faut énoncer les termes de la loi appliquée, à peine de nullité.

Les arrêtés sont signés par ceux qui les ont rendus, et transcrits sur le registre des délibérations du conseil de préfecture, ce qui se fait en pratique avec quelque irrégularité, parce qu'il n'existe auprès des conseils de préfecture, ni secrétaire, ni greffier.

II. *Tribunal du second degré.* — Le *conseil d'état* rend des décisions, qui doivent contenir cinq énonciations principales (***) : les noms et qualités des parties, soit demanderesses, soit défenderesses; les conclusions prises par ces parties; le vu des pièces principales, telles que les requêtes, les mémoires, etc....; la mention des lois appliquées, et leur texte si une condamnation est prononcée; enfin les motifs et le dispositif. — Par exception à ce qui se passe en matière civile, l'avocat de la partie qui a triomphé, dans sa demande n'a pas le droit de rédiger les qualités : c'est toujours le rapporteur qui doit les rédiger.

(*) Chauveau, Comp. et juridict., tome 1.er, n.° 1145.

(**) Chevallier, tome 2, page 374.

(***) Cormenin, t. 1.er, page 71, note 1 à 4.

Parfois le conseil d'état rend en assemblée générale des décisions sous forme d'ordonnance. Elles sont signées par le Roi, qui peut refuser sa signature. (Loi du 19 juillet 1845.).

CHAPITRE II.

Diverses espèces de Décisions administratives.

Il est diverses espèces de décisions administratives, à savoir : les décisions provisoires, préparatoires, interlocutoires ou définitives. Il est inutile d'expliquer ces mots, qui sont pris dans le sens qu'ils ont habituellement en procédure.

Les décisions peuvent encore être contradictoires, ou par défaut : il est quelquefois difficile de distinguer leur caractère.

Quant aux décisions des ministres, on ne peut guère poser des règles qui apprennent dans quels cas elles seront contradictoires ou non.

Pour que les arrêtés des préfets et des conseils de préfecture soient contradictoires, il faut qu'il ait été fourni des observations par les parties, ce qui est constaté en général par le visa des défenses ou mémoires. Que s'il n'a pas été fait par les parties des actes dont il résulte une intention expresse de se défendre, les décisions seront par défaut. — Si la partie ne conclut que sur la compétence et demande un délai quant au fonds, le jugement du conseil de préfecture qui se déclare compétent et statue sur le fonds, est contradictoire sur la compétence et par défaut au fonds.

Devant le conseil d'état, la procédure a toujours lieu par écrit et par le ministère d'avocats au conseil; la loi du 2 février 1831 a permis cependant de simples observations orales. La décision qui interviendra à la suite de cette procédure, peut être par défaut, tantôt contre le demandeur, tantôt contre le défendeur. — Il paraît étrange qu'on puisse rendre contre le demandeur une décision par défaut, puisque celui-ci, pour introduire son pourvoi, a été obligé de déposer une requête signée d'un avocat au conseil qu'il constitue et chez lequel il élit domicile : cependant il est un cas où la décision sera par défaut contre le demandeur, à savoir, lorsque le conseil d'état prononce avant l'expiration du délai accordé au demandeur pour répondre aux défenses de son adversaire.

La décision par défaut vis-à-vis du défendeur, peut être de deux natures:

faute de *defendre*, s'il ne comparaît pas ou ne constitue pas avocat, et faute de *conclure*, s'il a constitué un avocat qui n'a produit ni requête, ni mémoire.

CHAPITRE III.

Opposition aux décisions par défaut.

Les décisions administratives par défaut sont susceptibles d'opposition, et cette opposition est portée au tribunal qui a rendu la sentence attaquée.

§ I.er — Voyons d'abord le cas où la décision par défaut émane d'un tribunal administratif du premier degré, à savoir d'un ministre, d'un préfet ou d'un conseil de préfecture.

Si le tribunal qui a rendu la décision attaquée par la voie de l'opposition, refuse de statuer sur cette opposition, on se pourvoira par recours devant le conseil d'état, qui peut forcer le tribunal inférieur à la juger, ou même évoquer. — L'opposition en matière civile est suspensive, sauf les cas d'exécution provisoire; il faut appliquer ce principe en matière administrative. Aux termes de l'art. 455 Proc. civ., pendant la durée du délai de l'opposition, on ne peut interjeter appel. Les docteurs pensent qu'il en est de même ici. L'opposition à une décision par défaut émanant d'un tribunal administratif du premier degré, ne sera plus recevable, lorsque cette décision, après signification à la partie condamnée, aura reçu son exécution; il ne reste en ce cas à cette partie que la voie de l'appel, si elle est encore dans les délais, et s'il n'y a pas eu de sa part acquiescement au jugement de condamnation. Pour que la décision soit réputée exécutée, il ne suffit pas qu'un commandement non suivi d'effet ait été signifié. — L'obtention de l'autorisation de faire vendre les biens d'une commune doit être regardée comme une exécution (art. 46 de la loi du 18 juillet 1837).

L'art. 165 Proc. civ. a consacré la maxime : « *opposition sur opposition ne vaut.* » Cette maxime régit aussi l'opposition aux décisions administratives. L'opposition doit être faite dans les formes ordinaires de l'opposition civile; elle consiste en une requête, signée par la partie elle-même, qui contient les moyens et est signifiée par un huissier. — L'art. 12 de la loi du 13 brumaire an VII veut que l'opposition soit écrite sur papier timbré : cette formalité est tombée en désuetude; il est cependant plus prudent de l'accomplir.

§ II. — Supposons que la décision par defaut émane du tribunal du second degré, du conseil d'état.

L'art. 29 du règlement du 22 juillet 1806 a prévu le cas : « Les décisions du conseil d'état rendues par défaut sont susceptibles d'opposition. Cette opposition ne sera point suspensive, à moins qu'il n'en ait été autrement ordonné. Elle devra être formée dans le délai de trois mois à compter du jour où la décision par défaut aura été notifiée; après ce délai, l'opposition ne sera plus recevable. »

Des termes *dans le délai de trois mois*, que nous trouvons dans cet article, il résulte que le *dies ad quem* n'est pas compris dans le laps de temps que l'on a pour faire opposition. — De plus, nous voyons entre l'opposition devant le conseil d'état et celle formée devant les tribunaux du premier degré, cette grande différence que la seconde est suspensive tandis que la première ne produit pas cet effet. La décision peut être notifiée soit à personne, soit à domicile. — L'opposition à une décision par défaut du conseil d'état est formée par requête signée d'un avocat au conseil; elle est déposée au secrétariat du conseil d'état. — « Si la commission (*aujourd'hui le comité du contentieux*) est d'avis que l'opposition doive être reçue, elle fera son rapport au conseil qui remettra, s'il y a lieu, les parties au même état qu'elles étaient auparavant; la décision qui aura admis l'opposition sera signifiée, dans la huitaine à compter du jour de cette décision, à l'avocat de l'autre partie. » (Art. 30, *ibid.*)

Le principe de l'art. 165 Proc. civ. est applicable aux oppositions formées devant le conseil d'état. — Si l'on poursuit un jugement contre plusieurs parties, dont les unes ont fourni leurs défenses et les autres ne l'ont point fait (art. 7, *ibid.*), le conseil d'état statuera à l'égard de toutes ces parties par une seule et même décision. — On sait qu'en matière civile il existe des jugements de défaut joint. Lorsque le cas que nous venons d'expliquer se présente, le tribunal joint le profit du défaut au fonds, ordonne la réassignation par huissier commis, etc...., en un mot, surseoit à juger la contestation qui lui est soumise. — Le conseil d'état procède autrement, il statue. Ce mode d'agir fait naître la question suivante : La partie défaillante pourra-t-elle faire opposition à ce jugement contradictoire en partie, mais qui est par défaut relativement à elle? — L'art. 31 du règlement répond à cette question par un argument *à contrario.* « L'opposition d'une partie défaillante à une décision rendue contradictoirement avec une autre partie ayant *le même intérêt* ne sera pas recevable. » D'où suit que si la partie défaillante a un intérêt différent de celui des parties comparantes, elle sera admise à se pourvoir par la voie de l'opposition. — Il est bien entendu que le mot *intérêt* dont se sert ici la loi, est synonyme de celui de *droit privé.* Un simple *intérêt privé* serait impuissant à produire des décisions contentieuses, les seules dont nous parlions; en ce moment, quoi qu'il en soit de cette erreur de langage du législateur, donnons un exemple pour faire ressortir la portée de notre article.

Un desséchement de marais porte atteinte aux droits de plusieurs propriétaires du sol; la cause du dommage étant identique, la violation de leur droit doit être nécessairement la même en vertu de cette maxime : « Mêmes causes, mêmes effets. » Or, s'il en est ainsi, la décision rendue contradictoirement avec l'un de ces propriétaires, empêchera les autres qui ont fait défaut de pouvoir former opposition.

Vu par le président de la Thèse,

DUFOUR.

Cette Thèse sera soutenue le   août 1847.

TOULOUSE, IMPRIMERIE DE JEAN-MATTHIEU DOULADOURE, RUE SAINT-ROME, 41.

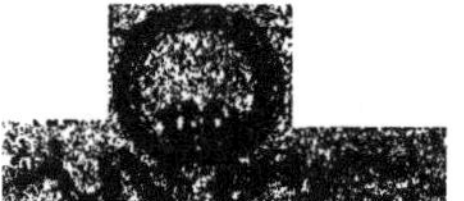

www.ingramcontent.com/pod-product-compliance
Lightning Source LLC
LaVergne TN
LVHW050217180726
843501LV00013BA/2030

* 9 7 8 2 3 2 9 6 6 1 9 0 2 *